Low Carb Kochbuch

Blitzschnelle Rezepte

Inhaltsverzeichnis

Einleitung

Du hast keine Lust mehr, halbe Portionen zu essen und trotzdem nicht abzunehmen?

Hast du es schon mal mit Low Carb versucht?

Low Carb ist ein englischer Begriff und heißt „wenige Kohlehydrate", man verzichtet bei einer Low Carb Ernährung also auf die meisten Kohlenhydrate.

Eine normale Ernährung besteht eigentlich zu 55% aus Kohlehydraten, zu 15% aus Eiweiß (Protein) und zu 30% aus Fett. Diese Prozentmengen beziehen sich aber auf die Menge an Kalorien. Da Fett eine sehr hohe Kaloriendichte besitzt, ist die Menge, die wir davon essen, geringer, als beispielsweise beim Eiweiß.

Generell kommen Kohlenhydrate in allen Getreidearten vor und in vielen Wurzeln und ein paar anderen Lebensmittelquellen, genauer gesagt in der Stärke und in der Zellulose von den Pflanzenfasern. Kohlenhydrate bestehen aus den Elementen Kohlenstoff, Sauerstoff und Wasserstoff. Sie bilden dabei Moleküle, die wie Ketten aussehen.

Man kann sie in drei grobe Kategorien unterteilen, kurze, mittellange und lange Ketten.

1. **Kurze Ketten** – Fruktose (Fruchtzucker), Zucker, Honig, Milchzucker.

2. **Mittellange Ketten** – Stärke (kommt viel in Mais, Reis und Kartoffeln vor) und alle Weißmehlprodukte

3. **Lange Ketten** – sämtliche Produkte aus Vollkorn, vor allem Getreidesorten wie Dinkel, Emmer und Einkorn sind besonders gut.

Bei der Low Carb Ernährung wird die Kohlenhydratmenge auf ein Minimum reduziert und durch Fett und Eiweiß ersetzt.

Die ersten fragen sich jetzt bestimmt schon, wie man durch Fett essen abnehmen soll. Das ist ein komplizierter Prozess, der mit der Verdauung und unserem Stoffwechsel zusammenhängt. Also sehen wir uns mal kurz an, was genau in unseren Körpern passiert.

Oben haben wir gelernt, dass es verschieden lange Ketten gibt. Im Magen werden die Ketten alle zerlegt in die einzelnen Kettenglieder. Je kürzer die Ketten sind, desto schneller verdaut unser Körper sie, denn es gibt nicht viel zu arbeiten und desto schneller und mehr wird dadurch der Blutzuckerspiegel ansteigen. Daher wird auch mehr Insulin ausgeschüttet, damit der Zucker in die Zellen hineinkann und verbraucht werden kann. Du siehst also, dass Essen eine Kettenreaktion im Körper auslöst.

Das Ziel der Low Carb Ernährung ist es, den Insulinspiegel niedrig zu halten. Durch ständige Zufuhr an Kohlenhydraten wird unser Blutzuckerspiegel immer relativ hoch gehalten, damit auch der Insulinspiegel. Solange das der Fall ist, ernährt sich unser Körper nur von dem, was wir ihm in der letzten Mahlzeit gegeben haben und nicht von unseren Fettpolstern. Wenn wir also die Kohlehydrate weglassen, können wir den Blutzuckerspiegel niedriger halten. Wenn der Insulinspiegel nicht andauernd Achterbahn fährt, bekommen wir keinen Heißhunger und auch der reguläre Hunger (vor allem der „Appetit") ist geringer. Fett und Protein werden nur langsam und schrittweise verdaut und werden daher nie den Blutzucker in die Höhe treiben. Der andere Vorteil von ihnen ist, dass sie dich schneller und länger satt machen und deine Portionen jetzt kleiner ausfallen können, ohne dass du es merkst.

Kann man unter Mangelernährung leiden, wenn man keine Kohlehydrate isst? Nein, denn die Kohlehydrate sind anders als Vitamine oder Eiweiße. Sämtliche Energie, die deine Muskeln oder andere Teile des Körpers verbrennen, wird in Form von Zucker bereitgestellt. Der Stoffwechsel hat dafür einen Prozess, der Glukoneogenese. Hinter diesem komplizierten Wort versteckt sich der Vorgang, bei dem der Körper aus Eiweiß Zucker herstellt, der dann in die Zellen gebracht und verbrannt wird.

Es gibt außerdem keine Nährstoffe, die nur und ausschließlich in Kohlehydraten vorkommen. Wenn du weiterhin Fleisch, Milch und Milchprodukte, sowie Obst und Gemüse isst, wird es dir an absolut gar nichts mangeln. Vegetarier brauchen sich auch keine Sorgen zu machen.

Das Fett wird in der Verdauung in Fettsäuren aufgespalten und kann so direkt verbrennt werden.

Wenn du Low Carb Ernährung nicht in Vollzeit praktizieren willst, sondern nur zu manchen Mahlzeiten, dann ist das auch in Ordnung. Die beste Mahlzeit für Low Carb in Teilzeit ist das Abendessen. Du bewegst dich abends und nachts so gut wie nicht und daher ist dein Verbrauch nur minimal. Kohlehydrate, die du nun zu dir nimmst, werden von Zucker in Fett umgewandelt und in den Speck eingelagert. Tagsüber verbrauchst du immerhin Energie (je nach

Aktivität) und daher kann ein Teil deiner Kohlehydrate sofort verbrannt werden.

Kapitel 1: Was ist Low Carb und wie funktioniert es?

Low Carb Ernährung gibt es in verschiedenen Formen, von No Carb, also überhaupt keinen Kohlehydraten bis zur moderaten Aufnahme von Kohlehydraten.

Generell versucht man bei Low Carb, die Aufnahme von Kohlehydraten auf unter 60 Gramm am Tag zu halten. Wenn man dies auf drei tägliche Mahlzeiten verteilt, kommt man auf 20 Gramm oder weniger. Daher haben wir alle Rezepte auf 20 Gramm oder weniger pro Portion ausgelegt.

Ansonsten kann man so weiter essen, wie man es gewöhnt ist. Du wirst sehen, dass in unseren Rezepten so gut wie nie von Magerprodukten die Rede ist, denn Fett ist immer noch in Ordnung. Natürlich sollte man jetzt nicht ein Stück Butter am Tag essen, denn das wäre doch ein wenig zu viel des Guten. Das rechte Maß macht es eben.

Für die Neugierigen unter der Leserschaft haben wir mal verschiedene Lebensmittel aufgelistet, die gut und schlecht sind, wenn man eine Low Carb Ernährung praktiziert. Du kannst diese Liste als Hilfsmittel verwenden, wenn du Teile der Rezepte durch andere Zutaten austauschen willst.

Wenige Kohlenhydrate (oder sogar keine)

Die folgenden Lebensmittel haben entweder kaum oder keine Kohlenhydrate und sind daher perfekt für die Low Carb Küche geeignet.

- Fleisch in Naturform, also nicht mariniert oder paniert

- Wurstwaren und Schinken

- Eier

- Fisch und Meeresfrüchte, ebenfalls natur, nicht mariniert oder paniert

- Milch- und Milchprodukte in Naturform (ohne Obst oder anderen Zutaten)

- Gemüse (außer Kartoffeln)

- Nüsse und Samen

Mittlere Menge Kohlenhydrate

Diese Lebensmittel haben ein paar Kohlenhydrate, sind also ok, wenn du nur geringe Mengen davon isst, aber du solltest davon keine ganzen Portionen essen.

- Fruchtsäfte

sie enthalten fast so viel Zucker, wie Limonade, sollten deshalb also nur sehr, sehr verdünnt getrunken werden. Mit „verdünnt" meinen wir mindestens 5 Teile Wasser bei einem Teil Saft. Bedecke in deinem Glas also den Boden maximal fingerdick mit Saft und füll dann den Rest mit Wasser auf. Als Alternative sind Gemüsesäfte ideal, denn diese enthalten fast keine Kohlenhydrate (Zucker) und können daher weiterhin unverdünnt getrunken werden.

- Obst

Obst ist sehr gesund und sollte keinesfalls auf dem Speiseplan fehlen, aber ähnlich wie die Fruchtsäfte enthält auch das Obst sehr viel Zucker. Es gibt Obstsorten, die weniger Fruktose enthalten als andere, daher ist es wert, darauf zu achten, welche Obstsorten man isst.

Gute Obstsorten (fruktosearm) sind: Beeren, Avocado, Wasser- und Honigmelone, Grapefruit, Orange, Pfirsich.

Schlechte Obstsorten (fruktosereich) sind unter anderem Äpfel, Trauben, Aprikosen, Bananen, Mangos und Kiwis. Du kannst allerdings, ähnlich wie schon bei den Säften, Obst gerne durch Gemüse ersetzen, denn das enthält kaum Fruktose.

- Dunkle Schokolade (70% Kakaoanteil oder höher)

Schokolade ist zwar eine Süßigkeit, aber dunkle Schokolade ist die Süßigkeit mit dem geringsten Anteil an Zucker. Deshalb ist es in Ordnung, wenn du ab und zu davon ein kleines Stückchen isst. Ganz ohne

Süßigkeiten ist das Leben manchmal zu hart. Vorsicht aber vor heißer Schokolade, die enthält sehr viel Zucker.

- Rotwein

- Cocktails mit zuckerfreien Zutaten

Die Spirituosen an sich sind ohne Kohlehydrate, es ist der Rest im Cocktail, der es in sich hat.

Viele Kohlehydrate

Diese Lebensmittel solltest du auf jeden Fall meiden, egal wie klein die Menge sein mag, sie enthalten zu viele Kohlenhydrate.

- Brot, Kuchen, Torten

- Tortillas

- Reis

- Couscous

- Quinoa

- Bulgur

- Nudeln und Spätzle aller Arten

- Knödel/ Klöße

- Kartoffeln und Kartoffelprodukte, wie Pommes oder Chips

- Haferflocken, Müsli, Cornflakes, usw.

- Paniermittel

- Süßigkeiten aller Arten, auch die zuckerreduzierten Varianten

- Zucker, Traubenzucker

- Getrocknete Früchte und Rosinen

- Marmelade

- Apfelmus und Kompott aller Arten

- Müsliriegel, Fruchtschnitten und (fast) alle anderen Snacks in Riegelform

- Honig

- Unverdünnte Fruchtsäfte und Smoothies

- Limonaden

- Bier, Weißwein, Rosé, Sekt, Cocktails mit Saft und/ oder Limonaden

Schauen wir uns noch kurz die Fette und das Eiweiß an, mit dem künftig die Kohlehydrate ersetzt werden:

Eiweiß kommt in vielen verschiedenen Lebensmitteln vor, tierischen, wie pflanzlichen. Proteinshakes sind dabei völlig unnötig. Wer kein Bodybuilding betreibt (und der normale Besuch im Fitnessstudio gehört leider nicht dazu), hat absolut keinen Bedarf für zusätzliches Protein. Das, was im regulären Essen steckt ist hierfür mehr als genug.

Was das Fett angeht, kennen viele die gesättigten und die einfach und mehrfach ungesättigten Fettsäuren. Um es kurz zu machen, die gesättigten sind in Maßen zu genießen und die einfach und mehrfach gesättigten Fettsäuren sind gesund. Allerdings auch nicht in großen Mengen, denn Fett enthält schließlich enorm viele Kalorien. Gesunde Fette sind pflanzlich, tierische Fette enthalten oft sehr viele gesättigte Fettsäuren. Dennoch sollten die Milchprodukte nicht von der Halbfett- oder gar Magerstufe sein (Ausnahme Quark), denn dein Essen wird sonst sehr an Geschmack verlieren.

Für alle Rezepte verwenden wir frische Zutaten und keine Fertigprodukte. Wenn es dir zu aufwändig ist, jeden Tag alles frisch zuzubereiten, kannst du auch auf Vorrat vorbereiten und dann einfach einfrieren oder im Kühlschrank aufbewahren.

Kapitel 2: Rezepte fürs Frühstück

Für einen guten Start in den Tag braucht man ein gutes Frühstück. Es gibt dir Energie und füllt den Magen, damit du auf alles vorbereitet bist. Wir haben ein paar Rezepte zusammengestellt, die für alle Geschmacksrichtungen geeignet sind. Du wirst feststellen, dass man keinesfalls auf den Geschmack verzichten muss.

Wenn du etwas süßen willst, kannst du am besten Stevia verwenden, es hat so gut wie keine Kohlenhydrate und süßt sehr gut. Auf Honig und Zucker wird verzichtet.

Alle Rezepte sind für 4 Portionen ausgelegt. Die Angaben für Kalorien und Kohlenhydrate gelten pro Person.

Beerenmüsli die erste

(pro Portion 339 kcal, 10,5 Gramm Kohlenhydrate)

Müsli muss keine Haferflocken enthalten, es geht auch gut mit Nüssen.

Du brauchst:

400 Gramm Quark

8 EL Wasser

3 EL Samen (Sonnenblumen, Leinsamen, Kürbiskerne, o.ä.)

3-4 TL gehackte oder gemahlene Nüsse

eine Handvoll Beeren, frisch oder gefroren

Verrühre das Wasser mit dem Quark zu einer cremigen Masse. Füge nun die Nüsse und Samen hinzu und lass alles für 5 bis 10 Minuten quellen. Beeren darüber streuen und fertig.

Beerenmüsli die zweite

(pro Portion 208 kcal, 19,5 Gramm Kohlenhydrate)

Dieses Müsli ist sehr reichhaltig und wird dich locker bis zum Mittagessen satt machen.

Du brauchst:

400 Gramm Hüttenkäse

zwei Bananen und zwei Äpfel

4 EL gemahlene Leinsamen

4 EL gemahlene Nüsse oder 4 TL Nussbutter

etwas Milch zum Verdünnen, ggf. Stevia zum Süßen

Beeren

Schneide die Bananen in kleine Stücke und reibe die Äpfel (geht auch ohne schälen). Verrühre beides mit dem Hüttenkäse zu einer cremigen Masse und gib die restlichen Zutaten dazu. Manchen ist dies zu fest oder zu trocken, dann kann man ein paar Milliliter Milch dazugeben, um das Müsli cremiger zu machen. Wenn du möchtest, kannst du auch hier eine Handvoll Beeren hinzufügen, sie machen das Müsli viel aromatischer.

Eiweißpfannkuchen
(pro Portion 426 kcal, 5,2 Gramm Kohlenhydrate)

Du brauchst:

200 Gramm Frischkäse

80 Gramm Mascarpone

8 Eier

80 Gramm Eiweißpulver

ggf. ein bisschen Stevia

einen EL Butter für die Pfanne

Mische alle Zutaten, bis sie einen relativ dünnflüssigen Teig bilden. Schlage nun alles mit einem Schneebesen schaumig und backe die Pfannkuchen mit der Butter in einer Pfanne aus.

Man kann die Pfannkuchen auch gut mit Frischkäse und Beeren garnieren.

Du kannst fertige Pfannkuchen auch sehr gut auf Vorrat einfrieren und ganz einfach in der Mikrowelle oder im Toaster auftauen.

Grüner Schoko Smoothie
(pro Portion 186 kcal, 11,8 Gramm Kohlenhydrate)

Die Kinder wollen keinen grünen Smoothie? Versuch es mal mit diesem Rezept, der Spinat wird durch den Kakao gut versteckt und der Smoothie ist unwiderstehlich lecker.

Du brauchst für eine Portion:

etwa 100 Gramm Beeren deiner Wahl (gefroren oder frisch)

250 ml Kokosmilch

100 Gramm Spinat (gefroren oder frisch)

20 Gramm Kakaopulver (echter Kakao, nicht Trinkschokolade)

Stevia nach Wahl

Gib alle Zutaten in einen Mixer und mixe sie so lange, bis eine homogene Masse entsteht.

Eiweißshake

(pro Portion 581 kcal, 18 Gramm Kohlenhydrate)

Wenn du genug vom klassischen Rezept für Eiweißshakes hast, dann probiere es doch mal mit diesem hier.

Du brauchst für eine Portion:

125 ml Milch

1 EL Erdnussbutter

2 EL Chiasamen (ganz oder gemahlen)

30 ml Kokosmilch

1 Msp Vanille oder ein paar Tropfen Vanillearoma

100 Gramm Naturjoghurt

Stevia nach Wahl

Gib alle Zutaten in einen Mixer und Mixe sie so lange, bis alles klein gehäckselt ist. Lass den Shake etwa 5 Minuten ruhen, damit die Chiasamen quellen können. Vor dem trinken gut schütteln, fertig.

Man kann den Shake auch sehr gut mit Beeren oder anderem Obst aufpeppen.

Kapitel 3: Rezepte für herzhafte Mahlzeiten

Manche dieser Gerichte werden dir sehr bekannt vorkommen, wir haben davon jeweils die Low Carb Varianten zusammengestellt. Low Carb bedeutet wahrlich nicht einfach Verzicht auf gute Dinge. Man kann sehr gut essen und dabei auf Kohlenhydrate verzichten, man muss nur wissen, wie es geht. Viele dieser Gerichte haben zwar eine relativ lange Zubereitungszeit, da alles frisch zubereitet wird und es viel zu schnippeln und zu schälen gibt. Aber du kannst von den meisten Gerichten auch eine doppelte oder dreifache Menge zubereiten und dann den Rest einfrieren.

Als Beilagen eignen sich das falsche Kartoffelpüree aus Blumenkohl, frische Salate (ohne Kartoffeln) oder gegrilltes oder gedünstetes Gemüse der Saison. Wenn das saisonale Gemüseangebot im Moment schlecht aussieht, dann versuche es mal mit gefrorenem Gemüse. Dieses Gemüse hat übrigens den Vorteil, dass es meist reif geerntet wird. Salatdressings kannst du ganz einfach selbst aus Salz, Pfeffer,

Weinbrandessig, Öl und einer Handvoll frischer oder getrockneter Kräuter herstellen. Wenn du fertiges Dressing in der Flasche kaufst, achte auf die Nährwertangaben auf der Rückseite der Flasche. Viele Fertigdressings enthalten leider sehr viel Zucker und damit sehr viele Kohlenhydrate.

Die Rezepte ergeben immer 4 Portionen.

Gemüse-Omelett

(pro Portion 248 kcal, 9,8 Gramm Kohlenhydrate)

Dieses Gericht ist ideal für heiße Sommertage, an denen man nicht viel, aber frisch essen will.

Du brauchst:

etwa 200 Gramm Blattspinat (am besten frisch)

zwei Frühlingszwiebeln

12 Eier

eine Zwiebel

500 Gramm Tomaten

150 Gramm frische Champignons

3 EL Olivenöl

Salz und Pfeffer

frisches Basilikum

Wasche, putze und schneide die Frühlingszwiebeln in feine Ringe. Brate sie zusammen mit der fein geschnittenen Zwiebel in einer Pfanne an, verwende dabei nur mittlere Hitze. Schneide die Tomaten in kleine Stücke und viertel die Pilze. Wenn die Zwiebeln glasig sind, gib die Tomaten und die Champignons hinzu.

Verquirle währenddessen die Eier und würze sie mit Salz und Pfeffer. Wenn der Spinat in der Pfanne zusammengefallen ist, kannst du die Eiermasse darüber geben.

Lass das Omelette nun bei mittlerer Hitze stocken. Drehe es nach einigen Minuten vorsichtig um, so dass es auch auf der anderen Seite eine goldene Farbe bekommt.

Käserührei mit Oliven

(pro Portion 414 kcal, 5,6 Gramm Kohlenhydrate)

Wer kein Freund von Oliven ist, kann stattdessen auch Shiitakepilze oder getrocknete Tomaten verwenden.

Du brauchst:

12 Eier

125 ml Milch

200 Gramm mittelalten Gouda oder Emmentaler (wer es gerne sehr herzhaft mag, kann auch Bergkäse aus Rohmilch verwenden)

200 Gramm Minitomaten

eine Dose/ ein Glas schwarze Oliven

3 EL Butter

Salz

Pfeffer

Schnittlauch nach Belieben

Verquirle die Eier mit der Milch und den Gewürzen. Reibe den Käse und geben ihn zu den Eiern. Lass die Oliven abtropfen. Erhitze die Butter bei mittlerer Hitze in einer Pfanne, gib die Eiermasse hinzu, streue die Oliven drüber und lass alles bei vorsichtigem Rühren stocken.

Hühnerbrust in Speckmantel

(pro Portion 205 kcal, 0,5 Gramm Kohlenhydrate)

Ein Klassiker der herzhaften Küche. Dazu passt übrigens gut das falsche Kartoffelpüree.

Du brauchst:

4 Stücke Hühnerbrust

20 Scheiben Bauchspeck

zwei Zehen Knoblauch

Rosmarin

3 EL Olivenöl

Salz und Pfeffer

Heize den Backofen auf 160°C vor. Wasche die Hähnchenbrust und tupfe sie mit etwas Küchenpapier trocken. Würze sie mit etwas Salz und Pfeffer. Wickle nun jede Hähnchenbrust in die 5 Scheiben Speck ein und reibe den Knoblauch oder schneide ihn sehr klein. Erhitze das Olivenöl in einer Pfanne, gib den Rosmarin und den Knoblauch hinzu und brate die eingewickelten Hühnerbrüste etwa 4 Minuten lang von allen Seiten an. Damit werden im Fleisch die Poren geschlossen und es kann nachher nicht austrocknen. Gib alles zusammen nun in eine ofenfeste Form und backe es im Ofen für etwa 15 bis 20 Minuten (je nach Dicke), bis das Fleisch gar ist. Dazu passt ein Salat oder Gemüse.

Gebratener Lachs

(pro Portion 512 kcal, 0,1 Gramm Kohlenhydrate)

Salzwasserfisch, insbesondere Lachs, ist aufgrund seiner Fettsäuren sehr gesund und sollte eigentlich oft gegessen werden. Dieses Rezept ist fast so unkompliziert wie Fischstäbchen, schmeckt aber viel besser.

Du brauchst:

etwa 800 Gramm Lachssteaks (etwa 200 Gramm pro Person)

Thymian (wenn möglich frisch)

eine Zitrone

10 Zehen Knoblauch

Salz und Pfeffer

3 EL Olivenöl

3 EL Butter

Heize den Ofen auf 160°C Umluft vor. Wasche die Lachssteaks und tupfe sie trocken. Zupfe die Thymianblätter ab und hacke sie fein. Schäle die Zitrone und schneide sie in dünne Scheiben. Erhitze das Öl und die Butter in einer beschichteten Pfanne zusammen. Hacke den Knoblauch in kleine Stücke oder reibe ihn und gib ihn in die Pfanne.

Würze die Lachssteaks von beiden Seiten mit Salz, Pfeffer und Thymian und gib sie zum Knoblauch in die Pfanne. Brate den Lachs etwa 2 - 3 Minuten und wende ihn dann. Belege die gebratene Seite mit Zitronenscheiben und backe den Lachs in einer ofenfesten Form für etwa 10 Minuten im Ofen, bis er gar ist.

Dazu passt sehr gut ein Blattsalat.

Pizza

(pro Portion 835 kcal, 5,8 Gramm Kohlenhydrate)

Pizza? Oh ja, sie hat zwar immer noch einige Kalorien, aber kaum eine Handvoll Kohlenhydrate und ist daher ideal für uns.

Du brauchst:

Für den Boden:

750 Gramm Leinsamenmehl

300 ml Wasser

12 Eier

4 EL Olivenöl

6 TL Backpulver

eine Prise Salz

1 TL Oregano

etwas Stevia damit es nicht bitter wird.

Für den Belag:

400 ml passierte Tomaten

500 Gramm Gemüse nach Wahl

150 Gramm mageren Schinken

100 Gramm Champignons

200 Gramm geriebenen Käse

Salz

Pfeffer

ggf. Chili

getrocknete Kräuter.

Heize den Ofen auf 220°C vor. Mische alle Zutaten für den Boden in einer Schüssel und knete solange mit der Hand oder dem Rührgerät, bis daraus ein Teig wird. Wenn der Teig nicht zusammenhält, kannst du mehr Wasser dazugeben. Lass den Teig für einige Minuten ruhen.

In dieser Zeit bereitest du den Belag vor: Dazu wäschst und putzt du das Gemüse und schneidest es in dünne Scheiben. Reibe die Pilze sauber und schneide sie auch in kleine Scheiben. Schneide den Schinken in kleine Stücke und würze die passierten Tomaten nach deiner Wahl.

Lege nun Backpapier auf ein Blech (oder fette es ein) und lege den ausgerollten Teig darauf. Backe den Boden für etwa 10 Minuten vor und belege ihn dann mit allen weiteren Zutaten und backe die Pizza für etwa 20 Minuten oder bis der Käse goldbraun ist.

Thunfischsalat

(pro Portion 321 kcal, 21 Gramm Kohlenhydrate)

Der Thunfischsalat eignet sich prima zum Mitnehmen für einen Ausflug oder fürs Picknick am Wochenende. Man kann auch rohes Gemüse darin dippen.

Du brauchst:

500 Gramm Thunfisch in Wasser

4 Paprika

4 Gewürzgurken

8 Eier

ein kleines Glas Miracel Whip Balance

1 Bund Lauchzwiebeln

Salz und Pfeffer

Schnittlauch

Wasche die Paprika und würfle sie zusammen mit den Gewürzgurken, Eiern und Lauchzwiebeln. Lass den Thunfisch abtropfen und gib ihn dazu. Verrühre alles mit Miracel Chip Balance und schmecke den Salat mit Salz und Pfeffer ab. Streue vor dem Servieren ein wenig Schnittlauch drüber.

Indisches Curry mit Huhn

(pro Portion 347 kcal, 9,5 Gramm Kohlenhydrate)

Sobald man den Reis weglässt, bietet uns die indische Küche viele Leckereien, die arm an Kohlenhydraten sind und sich sehr gut auf Vorrat einfrieren lassen.

Du brauchst:

eine Zwiebel

1,5 EL rote oder gelbe Currypaste

400 Gramm Hühnerbrust

etwa 400 Gramm Kürbis

300 ml Kokosmilch

300 Gramm Spinat (frisch oder gefroren)

Salz

eine Handvoll gehackte Cashews

evtl. einen EL Olivenöl

Schäle und schneide die Zwiebel, schneide die Hühnerbrust in etwa 1cm große Würfel. Schäle und schneide den Kürbis und hacke den Spinat (gefrorenen Spinat am besten vorher etwas auftauen lassen).

Wenn du einen Slow Cooker hast, kannst du alle Zutaten hineingeben und auf der niedrigen Stufe für 6 bis 10 Stunden vor sich hinköcheln lassen. Wenn du im Topf kochst, dann brate die Zwiebeln mit der Hühnerbrust für etwa 5 Minuten im Olivenöl an und gib dann die Currypaste, den Kürbis und die Kokosmilch hinein. Lass alles für etwa 30 Minuten vor sich hinköcheln und rühr ab und zu um. Füge nun den Spinat hinzu. Es kann sein, dass er nicht auf einmal hineinpasst, das ist nicht schlimm, er fällt schnell zusammen und dann wird der Rest in den Topf passen. Vor dem Servieren kannst du die Cashews darüber streuen.

Als Beilage passt sehr gut Blumenkohl.

Paniertes Schnitzel

(pro Portion ca. 620 kcal, ca. 6,9 Gramm Kohlenhydrate)

Ein weiterer Klassiker. Man muss nur ein bisschen am Rezept schrauben und schon hat man das ideale Low Carb Gericht. Nun noch die Pommes durch einen Blattsalat austauschen und fertig ist das perfekte Mittagessen.

Du brauchst:

4 Stücke Schweineschnitzel

130 Gramm geriebene Mandeln

getrockneter Salbei

2 Eier

Salz und Pfeffer

3 EL Öl

Alle Mengen können je nach Größe der Schnitzel leicht variieren.

Gib die Mandeln in eine Schale oder einen tiefen Teller, schlage die Eier in einen anderen tiefen Teller und verquirle sie. Gib nun Salz, Pfeffer und den Salbei (gerieben) in die Mandeln und vermische alles. Gib nun jedes Schnitzel zuerst in die Eier, bis es von beiden Seiten leicht mit Ei bedeckt ist und wende es dann in der Mendelmischung, bis es auch damit bedeckt ist. Brate die Schnitzel sofort im Öl bei mittlerer Hitze, bis es goldbraun ist. Wenn du dir nicht sicher bist, ob es durchgebraten ist, kannst du vorsichtig einen kleinen Schnitt in der Mitte machen und nachsehen, ob die pinke Farbe verschwunden ist.

Frühlingsrollen

(pro Portion 181 kcal, 0,5 – 2 Gramm Kohlenhydrate, je nach Füllung)

Man kann von diesen Frühlingsrollen gut eine vielfache Menge zubereiten und dann einfrieren.

Du brauchst:

eine rote Zwiebel

2 Zehen Knoblauch

400 Gramm Hackfleisch deiner Wahl

300 Gramm Gemüse deiner Wahl

Krautblätter (Spitzkraut geht am besten, Weißkraut ist auch in Ordnung)

Salz und Pfeffer

ggf. etwas Curry

5 EL Öl

Schäle und schneide die Zwiebel in kleine
Würfel oder dünne Scheiben. Schäle und
reibe den Knoblauch und dünste ihn
zusammen mit der Zwiebel in 2 EL Öl, bis er
glasig ist. Füge nun das Hackfleisch hinzu,
würze es und brate es unter ständigem
Rühren, bis es gar ist, lieber etwas zu lang als
zu kurz. Nimm dann die Pfanne vom Herd. In
der Zwischenzeit kannst du das Gemüse in
kleine Stückchen schneiden oder reiben.

Löse die Krautblätter vorsichtig ab, sodass sie
möglichst nicht oder nur wenig reißen. Heize
den Backofen auf 200 Grad vor.

Lass in einem breiten Topf oder einer großen
Pfanne Wasser heiß werden und tauche nun
die Krautblätter mithilfe einer Zange für etwa
eine Minute ins kochende Wasser. Dadurch
werden sie weich und flexibel. Hebe die
Krautblätter dann vorsichtig wieder heraus
und lass sie etwas abtropfen.

Lege nun ein Krautblatt auf ein Brett und
fülle es mit etwas Fleisch/ Zwiebelmischung
und Gemüse. Gib nur einen größeren Klecks
auf die Mitte des Blatts. Falte es nun, indem
du erst die Seiten nach innen klappst und
dann das Blatt aufrollst. Mach das gleiche mit
den anderen Krautblättern, bis dir entweder
die Füllung oder die Krautblätter ausgehen.

Gib nun 3 EL Öl in eine flache ofenfeste Form oder ein Backblech und verteile sie gleichmäßig. Platziere die Frühlingsrollen darauf und backe sie für 10 bis 15 Minuten.

Hier haben wir ein paar weitere Ideen für Füllungen, damit es nie langweilig wird:

- Hähnchenhackfleisch mit Knoblauch, Ingwer, Koriander, Chinakohl und Sesamsamen.

- Shrimps mit Bohnensprossen, Knoblauch, Ingwer und Kokosflocken.

- Rinderhackfleisch mit Kraut, Frühlingszwiebeln, Brokkoli und Paprika.

- Gemüsereste vom Vortag mit Koriander, Minze, Ingwer, Chili, Erdnusssauce und gehackten Cashewnüssen.

- Schweinehackfleisch mit Shiitakepilzen, Knoblauch, Ingwer, Blumenkohl und einer scharfen Sauce.

- Gebratenes Fleisch vom Vortag mit Minze, Bohnensprossen, Ingwer und Zitrone.

- Fisch (Lachs ist am besten) mit Minze, Zitronensaft, Brokkoli in Blättern aus Blaukraut.

- Thunfisch in Wasser aus der Dose, rote und gelbe Paprika, Chili, Avocado und Gurke (kalt zubereiten).

- Salatrollen mit Blattsalat statt Kraut für den Wickel und einer Füllung aus Avocado, Frühlingszwiebeln und Minitomaten (kalt zubereiten).

Spinatröllchen mit Feta

(pro Portion 172 kcal, 10,3 Gramm Kohlenhydrate)

Eine Variation der Frühlingsrollen mit griechischem Einfluss. Schmeckt ebenfalls sehr lecker.

Du brauchst:

500 Gramm gefrorenen Blattspinat

6 Eier

eine halbe Zwiebel

250 Gramm Frischkäse

250 Gramm Feta

eine große Handvoll Minze

Salz und Pfeffer nach Geschmack

15 Stück Reispapier (gibt's im Asia-Laden)

Taue den Spinat auf und drücke ihn gründlich aus, damit deine Röllchen nicht wässrig werden und aufweichen. Hacke den Spinat und schäle und würfle die Zwiebel in kleine Stückchen. Schlage die Eier in eine Schüssel und verquirle sie und gib den Feta in kleinen Stücken hinein. Hacke die Minze. Gib nun alle Zutaten in die Schüssel mit den Eiern und vermische sie gründlich, bis vom Feta nur noch Flocken erkennbar sind.

Heize den Backofen auf 180 Grad vor. Nimm nun das Reispapier und mach es kurz nass, damit es flexibel wird. Lege einen Löffel voll von der Spinatmischung auf ein Reispapier. Falte zuerst die Seiten nach innen und rolle es dann auf.

Verteile Öl auf einem Backblech, sodass es gut damit bedeckt ist und rolle jedes Spinatröllchen gut darin herum, damit es von allen Seiten mit Öl bedeckt ist und lege alle Röllchen auf das Blech. Backe sie für 15 bis 20 Minuten, oder bis sie goldbraun sind.

Lachsquiche ohne Boden

(pro Portion 514 kcal, 4,4 Gramm Kohlenhydrate)

Nochmal ein Rezept mit Lachs. Wenn du keinen Lachs bekommst, lässt sich auch Dorsch gut verwenden. Man kann von diesem

Rezept auch die doppelte Menge zubereiten und dann einfrieren.

Du brauchst:

500 Gramm Lachsfilet

8 Eier

250 Gramm Frischkäse

250 ml Milch

Salz

Pfeffer

1TL getrockneter oder frischer Dill

Heize den Backofen auf 180 Grad vor. Schneide den Lachs in kleine Würfel. Schlage die Eier in eine Schüssel und verquirle sie gründlich und füge dann die Milch und die Gewürze hinzu. Gib dann den Lachs und den Frischkäse in die Schüssel und mische sie vorsichtig unter. Fette eine ofenfeste Form ein und gib die Mischung hinein. Schüttle die Form vorsichtig, damit die Masse sich gleichmäßig verteilt. Backe alles für etwa 30 Minuten, steche vorsichtig mit einer Gabel in die Mitte, um festzustellen, ob die Quiche gar ist.

Gefüllter Paprika

(pro Portion 274 kcal, 6,7 Gramm Kohlenhydrate)

Dieses Rezept ist übrigens sehr flexibel gestaltbar und man kann eine oder mehrere Zutaten durch andere Low Carb Zutaten austauschen.

Du brauchst:

2 EL Butter

eine Zwiebel

4 Paprika

500 Gramm gemischtes Hackfleisch

2 Knoblauchzehen

100 Gramm braune Champignons

2 TL Thymian

2 TL Oregano

50 Gramm gewürfelten Speck

100 Gramm geriebenen Emmentaler

250 Gramm gestückelte Tomaten aus der Dose

Schäle und schneide die Zwiebel und die Knoblauchzehen und dünste sie in der Butter, bis sie glasig werden. Gib dann das Hackfleisch hinzu und lass es anbraten, bis keine pinke Farbe mehr zu sehen ist. Schneide die Pilze in der Zwischenzeit und gib sie zusammen mit den Tomaten zum Fleisch in den Topf. Lass alles für eine Viertelstunde unter gelegentlichem Rühren köcheln, lass dabei den Deckel weg, damit die Mischung ein wenig eindicken kann.

Wasche die Paprika, schneide den Deckel weg und nimm vorsichtig alle Samen heraus.

Heize den Ofen auf 180 Grad vor. Fülle jede Paprika mit der Fleischmischung und streue ein wenig Käse darüber. Stelle alle Paprika in eine gefettete und ofenfeste Form. Backe alles für 20 Minuten.

Falsches Kartoffelpüree

(pro Portion 149 kcal, 8 Gramm Kohlenhydrate)

Blumenkohl lässt sich wie Kartoffeln sehr gut pürieren, er füllt den Magen genauso gut und schmeckt lecker.

Du brauchst:

einen Blumenkohl

1 EL Frischkäse

30 Gramm geriebenen Parmesan

eine Knoblauchzehe

½ TL Salz

Pfeffer

3 EL Butter

frischen Schnittlauch zum Dekorieren

Schneide den ganzen Blumenkohl in grobe Stücke, auch die Stiele. Koche alles für etwa 8 Minuten in Wasser, gieße dann das Wasser ab und lass den Blumenkohl gut abtropfen. Püriere nun den Blumenkohl entweder im Mixer oder mit einem Kartoffelstampfer, gib die Butter, den Frischkäse und den Parmesan hinzu und würze alles mit Salz, Pfeffer und geriebenem Knoblauch. Garniere das Püree mit dem Schnittlauch.

Gefüllte Zucchini

(pro Portion 155 kcal, 9 Gramm Kohlenhydrate)

Wenn du kein Fleisch magst, kannst du es gut durch Thunfisch in Wasser aus der Dose ersetzen.

Du brauchst:

4 mittelgroße Zucchini

250 Gramm Hähnchenhackfleisch

30 Gramm Semmelbrösel

2 Tomaten

einen halben Bund Petersilie

4 EL gehackte Walnüsse oder Mandeln

2 Knoblauchzehen

4 EL Olivenöl

Salz und Pfeffer

Parmesan zum bestreuen

Halbiere die Zucchini der Länge nach und löffle die Samen und das weiche Innere aus. Salze die Zucchinis nun und lass sie für eine Viertelstunde stehen. Tupfe dann mit einem Blatt Küchenpapier das entstandene Wasser aus.

Mische in einer Schüssel das Hackfleisch mit den Semmelbröseln. Schneide die Tomaten in kleine Stückchen und hacke die Petersilie und reibe den Knoblauch. Gib dann alles mit den Nüssen zu der Hackfleischmischung und verrühre es gut. Würze nach Geschmack mit Salz und Pfeffer.

Heize den Backofen auf 200 Grad vor und lege ein Backblech mit Backpapier aus. Lege die Zucchinis darauf. Löffle die Mischung nun gleichmäßig in die Zucchinis und träufle etwas Olivenöl über jede Zucchini. Backe sie für etwa eine halbe Stunde.

Streue vor dem Servieren Parmesan über jede Zucchini.

Chicken Nuggets

(pro Portion 443 kcal, 4,5 Gramm Kohlenhydrate)

Fast Food als Low Carb soll funktionieren? Allerdings! Wenn du diese Chicken Nuggets erst mal ausprobiert hast, willst du nicht mehr mit Semmelbröseln panieren müssen.

Du brauchst:

ein Ei

4 EL Öl

500 Gramm Hühnerbrust

100 Gramm gemahlene Mandeln oder Kokosmehl

eine Prise Salz

eine Prise Knoblauchpulver

einen TL getrocknete Zwiebelflocken

Nimm einen tiefen Teller und verquirle das Ei mit dem Öl. Mische in einem zweiten Teller die gemahlenen Mandeln (oder das Kokosmehl) mit dem Salz, Knoblauchpulver und den Zwiebelflocken.

Schneide die Hühnerbrust in Stücke oder Streifen. Tauche jedes Stück zuerst in die Eiermischung und wende es dann in der Mandelmischung, bis es komplett bedeckt ist. Brate es dann bei mittlerer Hitze in Öl aus, bis es golden braun ist.

☐

Kapitel 4: „süße" Leckereien und Nachtische

Low Carb bedeutet keineswegs den Verzicht auf Naschereien und leckere Nachtische. Man kann viele Rezepte so gestalten, dass kein Mehl verwendet werden muss und schon kann man alles nach Lust und Laune essen. Die folgenden Leckerbissen sind mit Stevia gesüßt, du kannst aber auch Süßstoff verwenden. Hauptsache, du verwendest keinen Zucker, Honig oder Sirup.

Schoko Muffins

(pro Portion 154 kcal, 9,8 Gramm Kohlenhydrate)

Diese Muffins sind ein Klassiker auf Partys, ob bei Alt oder Jung. Da sie viele Eier enthalten, bleiben sie auch lange frisch und trocknen nicht aus.

Das Rezept ergibt etwa 20 Muffins.

Du brauchst:

200g zuckerfreie Zartbitterschokolade

7 frische Eier bei Raumtemperatur

1 TL Stevia

1 Prise Salz

Heize den Ofen auf 150°C vor und fette 20 Muffin Förmchen ein. Trenne alle Eier und schmelze die Schokolade in einem Wasserbad. Stell die Schokolade beiseite und lass sie leicht abkühlen. Verrühre in der Zwischenzeit das Eigelb mit Stevia und rühre dann die Schokolade unter. Schlage nun alle Eiweiße mit der Prise Salz steif und hebe diese unter die Teigmasse. Fülle alles gleichmäßig in die Muffin Formen. Die Formen sollten nur etwa halb voll sein, denn die Muffins werden aufgehen. Backe die Muffins für etwa 15 Minuten.

Zitronenschnitten

(pro Portion 158 kcal, 3,7 Gramm Kohlenhydrate)

Diese Schnitten sind perfekt für einen heißen Sommertag, sie schmecken lecker und ähnlich wie die Muffins sind sie lange haltbar.

Das Rezept ergibt etwa 20 Schnitten.

Du brauchst:

225 Gramm Butter

1 TL Stevia

8 Eier

75 Gramm Kokosmehl

125 Gramm gemahlene Mandeln

150 Gramm Naturjoghurt

eine Prise Salz

2 EL Zitronensaft

1 EL Zitronenschale

eine Prise Vanille oder ein paar Tropfen Vanillearoma

Heize den Ofen auf 180°C vor und fette eine rechteckige Backform ein. Schlage die Butter mit der Stevia schaumig. Füge die Eier einzeln hinzu, dazwischen immer kurz rühren. Füge nun das Kokosmehl und die gemahlenen Mandeln, den Naturjoghurt, das Salz, den Zitronensaft und die Zitronenschale hinzu und rühre alles so lange, bis es einen geschmeidigen Teig ergibt. Gib alles in die Backform und backe es für etwa 15 bis 20 Minuten. Nach dem Abkühlen in 20 Schnitten schneiden.

Waffeln
(pro Portion 280 kcal, 4,5 Gramm Kohlenhydrate)

Wer liebt sie nicht? Waffeln kann man sich aus kaum einem Haushalt wegdenken. Mit diesem Rezept lassen sich Waffeln zubereiten, die nur 4,5 Gramm Kohlenhydrate pro Stück haben und daher auch noch gut für die schlanke Linie geeignet sind.

Du brauchst:

4 Eier

eine Prise Salz

4 EL Kokosmehl

ein paar Tropfen Stevia (Menge je nach Geschmack)

1 TL Backpulver

eine Prise Vanille oder zwei Tropfen Vanillearoma

3 EL Milch oder Sahne

100 Gramm Butter

Trenne die Eier und schlage die Eiweiße mit der Prise Salz, bis sie steif sind. Nimm eine zweite Schüssel und mische die Eigelbe mit dem Kokosmehl, Stevia und dem Backpulver. Lass die Butter in einem Topf oder in der Mikrowelle schmelzen und gib sie zur Masse hinzu und rühre, bis alles eine homogene Masse ergibt. Füge nun die Milch und Vanille hinzu und rühre nochmal. Gib die steif geschlagenen Eiweiße hinzu und heben sie vorsichtig unter den Teig.

Backe die Waffeln in einem leicht geölten Waffeleisen aus.

Energieriegel

(pro Portion 234 kcal, 6,9 Gramm Kohlenhydrate)

Unsere Antwort auf Müsliriegel. Man kann Riegel sehr gut ohne Haferflocken zubereiten. Durch den hohen Anteil an Nüssen und Samen enthalten diese Riegen nicht nur wertvolle ungesättigte Fettsäuren, sondern sie schmecken auch besonders aromatisch.

Du brauchst:

350 Gramm Nüsse oder Samen (gerne eine bunte Mischung aus mehreren Sorten, wie beispielsweise Walnüssen, Mandeln, Erdnüssen, Cashews, Leinsamen, Kürbiskernen oder Sonnenblumenkernen)

50 Gramm ungesüßte Kokosraspeln

2 EL Kakaopulver (echter Kakao, keine Trinkschokolade)

50 Gramm Kokosöl

4 EL Tahini oder Erdnussbutter

eine Messerspitze Vanille oder ein paar Tropfen Vanillearoma

2 TL Zimt

eine Prise Salz

Stevia nach Belieben

2 Eier

Heize den Backofen auf 180 Grad vor. Schmelze das Kokosöl vorsichtig bei niedrigerer Temperatur. Gib alle Zutaten in einen Mixer und mixe so lange, bis die Nüsse und Samen nur noch grob bröselig sind.

Gib alles in eine rechteckige und ofenfeste Form, die vorher eingefettet wurde. Wenn du die Riegel eher knusprig magst, kannst du auch ein Backblech verwenden und die Mischung dünn darauf verteilen.

Backe alles für etwa 20 Minuten, bei der dünnen und knusprigen Variante für 10 Minuten. Wenn du magst, kannst du nach dem Abkühlen noch Schokolade mit mehr als 75% Kakaoanteil im Wasserbad schmelzen lassen und darüber träufeln. Schneide am Ende alles in Riegel von etwa 3x5 cm Größe.

Joghurt-Zitronen Mousse

(pro Portion 115 kcal, 16 Gramm Kohlenhydrate)

Diese Joghurtmousse lässt sich in wenigen Minuten zusammenrühren und sie schmeckt immer lecker. Im Winter kann man auch eine Variante davon herstellen, indem man die Zitronen durch Orangen ersetzt und einen halben TL Zimt hinzufügt.

Du brauchst:

2 Eier

einen halben TL Stevia

eine Prise Salz

400 Gramm Jogurt natur

Schale eine Zitrone

1 EL Zitronensaft

Trenne die Eier und gib die Eiweiße in eine Schüssel. Füge Stevia und Salz hinzu und schlage alles mit dem Rührgerät auf höchster Stufe, bis das Eiweiß steif ist. Gib den Joghurt, die Zitronenschale und den Zitronensaft in eine zweite Schüssel und verrühre sie, bis alles gut gemischt und cremig ist. Hebe nun vorsichtig das Eiweiß löffelweise unter und fülle die Mousse in

Portionsschälchen. Stelle sie für 2 Stunden in den Kühlschrank.

Quellen

http://www.ditchthecarbs.com/recipes/ (21.06.2017)

http://www.foodnetwork.com/topics/low-carb-recipes (22.06.2017)

http://www.jamieoliver.com/news-and-features/features/perfect-homemade-protein-shake (21.06.2017)

Impressum

Cover-Foto: © Liv friis-larsen/ www.shutterstock.com

Wichtiger Hinweis:

Die in diesem Buch enthaltenen Informationen dienen ausschließlich informativen Zwecken und dürfen unter keinen Umständen als Ersatz für eine professionelle Beratung oder Behandlung durch ausgebildete und anerkannte Ärzte angesehen werden. Diese beinhalten keinerlei Empfehlungen bezüglich bestimmter Diagnose- oder Therapieverfahren. Die Inhalte dürfen niemals als eine Aufforderung zur Selbstbehandlung oder als Grundlage für Selbstdiagnosen und -medikation verstanden werden. Die Informationen spiegeln lediglich die Meinung des Autors wieder. Der Autor übernimmt für die Art oder Richtigkeit der Inhalte keine Garantie, weder ausdrücklich noch impliziert.

Sollten Inhalte des Buches gegen geltendes Recht verstoßen, dann bittet der Autor um umgehende Benachrichtigung. Die betreffenden Inhalte werden dann umgehend entfernt oder geändert.

Haftung für Links

Das Buch enthält Links zu externen Webseiten Dritter, auf deren Inhalte wir keinen Einfluss haben. Deshalb können wir für diese fremden Inhalte keine Gewähr übernehmen. Für die Inhalte der verlinkten Seiten ist stets der jeweilige Anbieter oder Betreiber der Seiten verantwortlich. Die verlinkten Seiten wurden zum Zeitpunkt der Verlinkung auf mögliche Rechtsverstöße überprüft. Rechtswidrige Inhalte waren zum Zeitpunkt der Verlinkung nicht erkennbar. Eine permanente inhaltliche Kontrolle der verlinkten Seiten ist jedoch ohne konkrete Anhaltspunkte einer Rechtsverletzung nicht zumutbar. Bei Bekanntwerden von Rechtsverletzungen werden wir derartige Links umgehend entfernen.

Made in the USA
Las Vegas, NV
22 January 2023